李医生
与戴皇冠的病毒

弗兰切斯卡·卡瓦洛

插画：
克劳迪娅·弗兰多利

Balestier Press
Centurion House, London TW18 4AX
www.balestier.com

《李医生与戴皇冠的病毒》

编辑总监: Francesca Cavallo (弗兰切斯卡·卡瓦洛)
艺术指导: Samuele Motta (塞缪尔·莫塔)

故事: Francesca Cavallo (弗兰切斯卡·卡瓦洛)
编辑: Anita Roy (安妮塔·罗伊)

插画: Claudia Flandoli (克劳迪娅·弗兰多利)

STORY: Francesca Cavallo
ILLUSTRATIONS: Claudia Flandoli

Published in Simplified Chinese by arrangement with Undercats, Inc.

All Rights Reserved © Copyright Undercats, Inc. 2020
Original title "Doctor Li and the Crown-wearing Virus"
First published by Undercats, INC. - Los Angeles, USA

A CIP catalogue record for this book is available from the British Library.

ISBN 978 1 913891 71 8 (Hardcover)

No part of this publication may be reproduced, stored in a retrieval system or transmitted in any form or by any means, electronic, mechanical, without prior permission in writing from Balestier Press.

购买本书的授权版本, 即表示您授权我们继续创作能鼓舞人心的内容。请遵守版权法。
未经许可, 请勿复制, 扫描或分发本书的任何部分。

亲爱的读者，

我不知道您感觉如何，但是对我来说，到目前为止，2020年令人感觉很陌生而且不真实，就像在经历一场童话一般。此时此刻，我觉得自己像是身处在一片又深又暗的森林里的某处，在那里，一切皆有可能，而且其中绝大部分的事物都在我的掌控之外。

疫情大流行给我的生活带来了很多不确定性。我突然间离开了家。由于封锁，我无法见到我的家人或朋友。在隔离期间，我所能想到的只有"我能做些什么？""我能帮上什么忙？"

于是我坐下来，写了个故事，来帮助孩子们了解正在发生的事。我把它放到了我的网站上。然后，神奇的事情发生了：成千上万的人下载了这个故事，而来自世界各地的志愿者将它翻译成了30多种语言。如此令人惊喜的回应，使我有勇气将这个小小的试验，变成您现在手中拿着的书。

这场疫情大流行让我有时会感到迷茫和恐惧。但是写下，并分享这个故事，使我意识到，我并不是孤单的一个人——而你也不是。

我们终将找到出路，走出这片深暗的森林。而当我们最终走出来时——在经历这场我们面对迷茫和恐惧时的行动之后——我们会发现一些关于我们自己，以及关于这个世界的重要感悟。

梅，本故事中的七岁女孩，有三个很棒的探索与发现。

我迫不及待想知道，你的发现会是什么。

爱你们，
FRANCESCA CAVALLO（弗兰切斯卡·卡瓦洛）

献给李医生的孩子们
以及全世界勇敢的孩子们——

当你们建设这个星球的未来时
愿你们永远记得
这段非凡的时光
那时我们发现
我们不是独行

当我们之中有人跌倒时
我们都将跌倒

而当我们之中有人站起来时
我们都会站起来。

从前在中国，有一位非常好的眼科医生。
他的名字叫李文亮医生。

李医生每天都在一个叫做武汉的大城市，城市的中心
医院给病人看病。

李医生为视力出现各种问题的患者进行诊治。
有些人需要滴眼药水，才能止住眼睛发痒。
有些人需要做手术。
而有些人只需要配付新的眼镜。

他高兴地照顾着所有人。

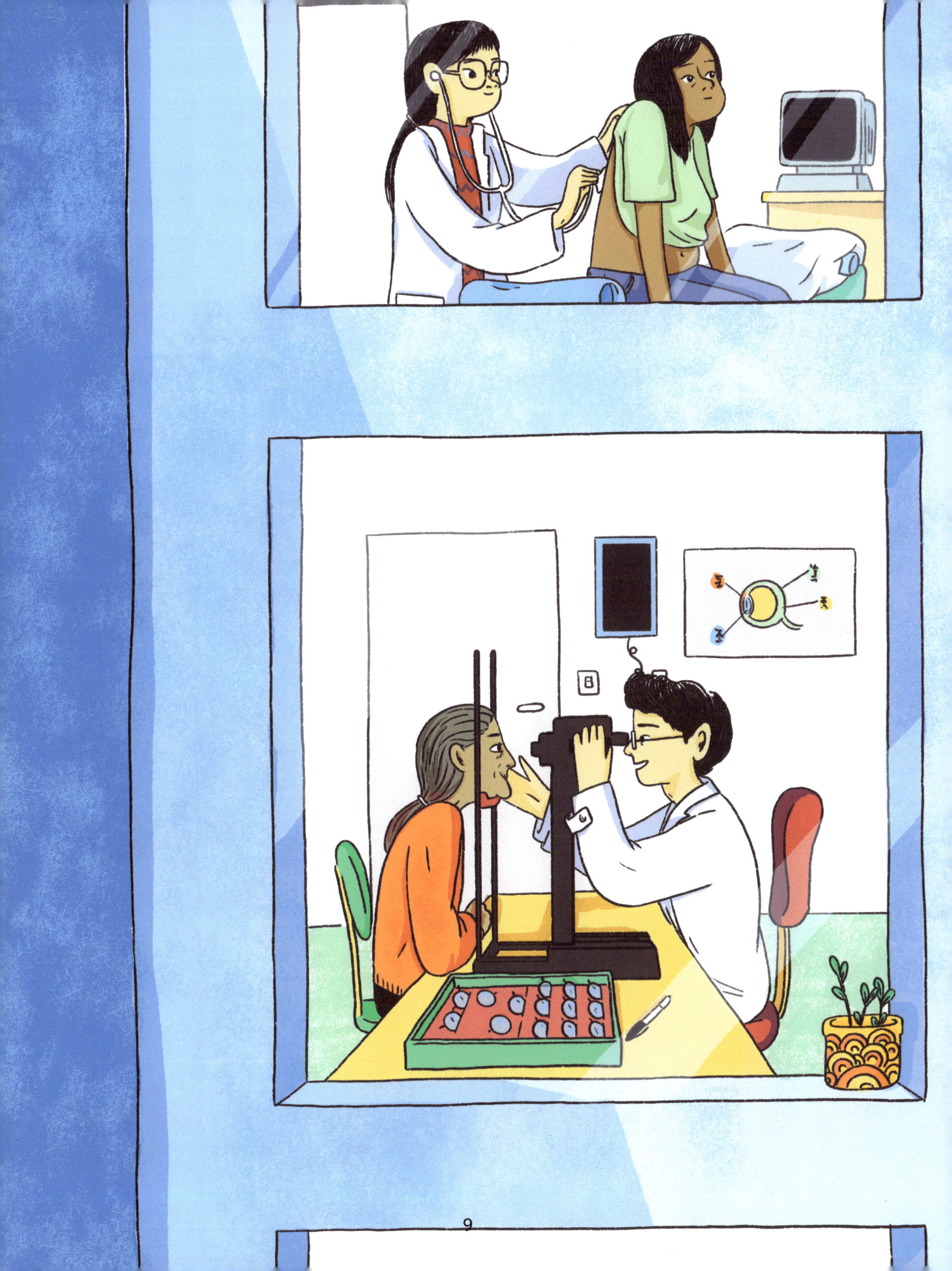

不过，有一天，李医生开始注意到他的候诊室里，有越来越多的病人出现了其他问题。有问题的不仅是他们的眼睛：他们抱怨发烧、头痛，还有一种不会消失的奇怪干咳。

李医生想知道这是怎么一回事。当医院的急诊科主任艾芬医生某天来找他时，他问起了这件事。

"这是一种冠状病毒，"艾芬医生告诉他，"而且它具有很强的传染性。已经有至少七个人生病了。"

"我们必须告诉大家立刻佩戴防护装备！否则他们会从患者那里感染病毒，病毒将无法控制地传播。"李医生说道，然后他向所有同事发送了紧急信息。

那天晚上，李医生在家，突然门上砰砰作响。他跳了起来。是警察。

"您是李文亮医生吗？" 一名警官皱着眉头问道。
"我是。"医生回答，他看着警官，有点害怕。

另一名警官说："您必须停止散播关于在武汉有一种新病毒的一切谎言。"

"但是我没说谎！" 李医生抗议道。
"如果您不停止，我们会把您送进监狱。在这里签名。"

他们强迫李医生签署一封信，说他错了，是他小题大做。他们也对艾芬医生做了同样的事。他们对她说："这件事你绝对不能告诉任何人一个字，即使是你的丈夫也不行。"

但是每天都有越来越多的病人被送到武汉的医院。而且，由于没有佩戴防护装备，在那里工作的医生和护士也开始生病，就像李医生担心的那样。

2020年1月10日，李医生开始咳嗽。他发烧了，而且他发现自己尝不出正在喝的茶的味道。这些都是由新病毒引起的疾病Covid-19，也就是新型冠状病毒肺炎的症状。

"人们生病时,我不能保持沉默。我必须做点什么。"李医生想。

尽管害怕被送进监狱,但他仍然开始向大家介绍这种病毒,以及有关警察试图让他保持沉默的事。

李医生的言语从他在武汉的病房传到很远很远，像是长了翅膀一样，很快就传遍了中国，乃至世界的每个角落。

一种危险的病毒在正在蔓延，警察却要让正在对抗病毒的医生保持沉默？人民站了出来，大声抗议："我们要自由！李医生万岁！"

抗议声越来越高，直到当局被迫让步。
他们向李医生道歉——可是已经为时已晚。

医生的病情恶化了。
2020年2月7日，他去世了。

在世界的另一端,梅和她的妈妈劳拉在家里听到了这个消息。听说了李医生的事,梅很难过,而劳拉也担心这种病毒在美国正在传播的方式。

"妈妈，病毒是什么？" 梅问。

"那是一种很小很小的有机体，小到只有用显微镜才能看到。但即使这么小，它也能让人、动物甚至植物病得很重。"她的妈妈解释说。

"总统为什么说这种病毒不存在？"

劳拉顿了顿。"有的时候，"她说，"当遇到一个非常大的问题时，人们会感到害怕，而以为如果他们假装问题不在那里，那么问题就会消失。"

"我们也会像李医生一样感染这种病毒吗？" 梅很担心。

"我不知道，梅。"劳拉说，"但是许多科学家正在研究现在的情况。我们一起来弄清楚他们到目前为止的发现，怎么样？"

梅兴趣十足地点点头。她喜欢和妈妈一起学习新事物。

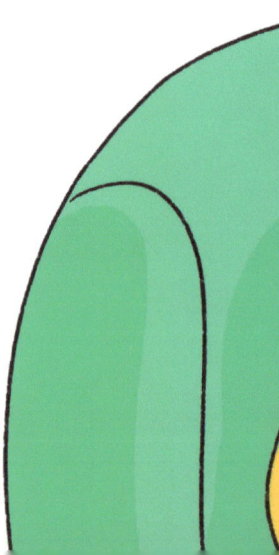

那天下午,梅和她的妈妈发现了很多东西!

- 这种病毒之所以被称为"冠状病毒"(coronavirus),是因为在显微镜下,它看起来像戴着王冠,而corona在拉丁语中是王冠的意思。

- 几乎可以肯定,这种病毒是来自于蝙蝠。

- 通常病毒很少会从动物传给人类，但这个病毒成功了！

- 即使你没有发病，也仍然可以将病毒传给其他人！
  这就是为什么李医生希望所有人都戴口罩的原因。

- 如果用肥皂仔细地洗手，病毒就会从你的手上消失。

- 保护野生动物，不让其与人类紧密接触，
  会减少这类疾病的传播。

一天下午,劳拉拿出口罩。

"来,戴上这个,然后我们可以去看爷爷奶奶。我也有一个哦!"

他们到那里时,梅想给她的爷爷一个拥抱。

"你没听说吗?" 爷爷开玩笑说,"我们现在打'无冠'招呼!"

然后他一条腿站着,向她摇脚。梅咯咯地笑起来。

但是她和她的妈妈注意到其他人并没有戴口罩,而且没有彼此保持安全距离。

实际上，病毒一直在人与人之间传播。

当有太多人生病时，全世界所有的学校——包括梅的学校——都关闭了，以减缓感染的趋势。

突然之间，所有人都不得不待在家里，人们只有需要购买食物和药品的时候才被允许出门。健身房、理发店、电影院和游泳池都关闭了，海滩和公园空无一人。

刚开始的时候，觉得不去学校很有趣。
梅可以很晚起床，而且由于她的妈妈都在
家里工作，所以她们可以整天在一起。
她们一起烤饼干，玩的时间也很长，因为
在网上上课比去学校花的时间少。

一天晚上,梅坐在自己的床上,试着倾听内心的感受。她盯着不需要收拾的书包,感到很难过。她意识到自己多么想念她的朋友和老师。Zoom上的生日派对完全不是那回事:在屏幕上看别人拆礼物一点也不有趣,而且她也没品尝到朋友的生日蛋糕。

她看着窗外,发现她的邻居们也很难过。即使是平时总是微笑着的妈妈,也看上去很担心。

这时,她注意到了书桌上的彩色铅笔。她想起了李医生,她对自己说:"我必须做点什么。"

于是她画了一条巨大的彩虹,挂在窗户外面。

早晨，隔壁的夫妇看见了梅的彩虹。"真漂亮！" 他们赞叹道。"我们也想做点什么。" 于是他们烤了一个巨大的蛋糕，给楼里的每个人都切了一块——连路过这里的无家可归者约翰尼也分到一份。

有三位邻居上半身探出窗外，开始一起演奏音乐。一位老太太坐在敞开的窗户前读故事，让所有的孩子都可以来听。

就像李医生的话一样，梅的彩虹很快就传到了世界的每一个角落。忽然之间，每一扇窗户上都挂起了一道彩虹，是住在那里的孩子们画的。

那些彩虹提醒人们互相照顾是多么重要。大家开始戴口罩，用肥皂仔细洗手。爷爷的摇脚动作没有流行起来，不过人们发明出他们各自的无冠招呼姿势。慢慢地，情况开始好转。

公共汽车又开始行驶了，学校也重新开放了。

隔了这么长时间之后再见到朋友，感觉真是太棒了！虽然病毒仍然存在，但只要每个人都小心一点，病毒就不再那么容易传播了。

"那么,在过去的几个月里,你们学到了些什么?" 梅的老师刘易斯先生在大家终于回到课堂时问道。

"我学会了做面包！"亨利说。

"我知道了疫苗非常重要，可以保护人们不得病。长大以后，我想当个了不起的科学家。"艾米丽说。

"我种了五棵树。"托马斯告诉大家，"而且我长大以后要保护地球。我要拯救森林，这样野生动物就可以在安全的地方生活，远离人类，讨厌的病毒就再也不会让学校关门了。"

梅想了很久。"我明白了三件事。"她说,"第一件事是我想当总统,能够保证所有的爷爷奶奶们都开心又健康,而且让像李医生那样的勇敢的人能够自由。第二件事是,遇到大问题时,不能躲起来。即使害怕,也要勇敢地面对。"

"那第三件事呢？" 全班同学异口同声地问她。

"第三是即使我们独处时，我们之间也是相互关联的。如果我们当中有一个人站起来，那么我们所有人都会站起来。因为能传染的不是只有病毒，"她说，"彩虹也一样可以传染！"

勇者中的勇者

如果没有Kickstarter上1322位资助者的国际支持，就不会有这本书出版。谢谢你们！

以下是对这次疫情大流行中许多大小英雄们的特别致意。

Ivan Canu and Mimaster Illustrazione
Giulia and Matteo Rossi
Sara and Emanuela
李庆珍 (Li Qingzhen) and 李书起 (Li Shuqi)
Meiwen Chen and Rachèl Harmsen
Ying Zhang and Ce Ji
Nonno Calzà Tomaso and Nonna Calzà Minatti Riccarda
Giulia Ruffilli and Susan Silbermann
Paloma Maria and Lucia Valentina Torres-Slavik
Matteo Riccardi and Paola Frattola
Adriano
Tatiana
The Ostenso-Taipale and the Odham families
Maria 意安 and Hongmei
George and Andrew Horng
Mattia and Samuele Schenatti
Andrea and Emily DiFederico
Oliver J. and Meghan Harrison
Bram Otto Cantrall-Mintzer
Yang Rhee and Sue Chung
Victoria and Oliver Williams
R.J. and Elizabeth Ritter
Felix and Raphael Bommert
Naomi, Duncan and Alistair
Angus and Bobby
Lizzy and Hayden Brandt
Olivia and Emilio
Ace

弗朗切斯卡·卡瓦洛 (Francesca Cavallo)，作家、行动主义者和创业家。她是《纽约时报》畅销书系列《献给特立独行女孩的睡前故事》（Good Night Stories for Rebel Girls）的合著者。作为《出版人周刊》（Publisher's Weekly）2018年"明星观察奖"（Star Watch Award）的获奖者，她发起了出版史上一些最成功的众筹活动，并成为了儿童图书出版领域最具创意的声音之一。她在2019年创立了Undercats, Inc.，一家总部位于美国的媒体公司，其目标是鼓舞世界各地的家庭真实地看待当前世界，并畅想这个世界的未来。

她的书籍已售出超过四百万册，并被翻译成50多种语言。

Instagram: @francescatherebel

克劳迪娅·弗兰多利 (Claudia Flandoli)，漫画作家和科学插画家。她在英国生活和工作，与剑桥大学的研究人员合作，用插画来展现他们的研究。

Instagram: @claudiaflandoli

Undercats图书的本意是用于开启对话。请告诉我们您对《李医生与戴皇冠的病毒》有什么看法：在网上发表评论或在 Instagram @undercatsmedia 上标注我们。

注册并关注我们即将出版的书籍 www.undercats.com

你在疫情大流行期间学到了什么呢？

www.ingramcontent.com/pod-product-compliance
Lightning Source LLC
Chambersburg PA
CBHW041505220426
43661CB00016B/1257